Jo Pestum · Christian Zimmer

Gespenstergeschichten

Dieses Buch gehört:

_____

Jo Pestum

Gespenstergeschichten

Mit Bildern von Christian Zimmer

Ravensburger Buchverlag

Die Deutsche Bibliothek – CIP-Einheitsaufnahme

Ein Titeldatensatz für diese Publikation ist bei
Der Deutschen Bibliothek erhältlich

**Die Schreibweise entspricht den Regeln
der neuen Rechtschreibung.**

1   2   3   4   05   04   03   02

Ravensburger Blauer Rabe – Leserabe
© 2002 Ravensburger Buchverlag Otto Maier GmbH
Umschlagbild: Christian Zimmer
Redaktion: Denise Vöhringer
Printed in Germany
ISBN 3-473-34462-1

www.ravensburger.de

Inhalt

Der Freund von Max ist ein Gespenst

Ehrlich, es ist wahr! Max ist mit einem Gespenst befreundet.

Schon seit fast einem Jahr. Seitdem fliegen die beiden Freunde in jeder Freitagnacht durch die Stadt, stellen Unsinn an, spuken herum, haben ihren Spaß und denken sich die tollsten Streiche aus.

Und so hat das damals begonnen: Max hatte gerade sein Indianerbuch unter sein Kopfkissen geschoben, das Licht ausgeknipst und mit dem Einschlafen angefangen, da hörte er plötzlich ein leises Lachen. Max riss die Augen auf. Ein seltsam grünlicher Lichtschein erhellte das Zimmer. Und dann erblickte er das Gespenst. Es hockte auf seiner Bettkante und lächelte ihm zu.

Max erschrak so sehr, dass er Schluckauf bekam und zu stottern begann: „W-w-wer bist denn du?"

„Dumme Frage", sagte das Gespenst. „Ich bin das Gespenst Mux, das siehst du doch. Aber warum hast du Angst vor mir?"

„W-w-weil du so gefährlich aussiehst!" Max starrte das Gespenst mit weit offenem Mund an. Es sah wirklich unheimlich gefährlich aus mit seinen glühenden roten Augen, den grünen leuchtenden Stachelhaaren, den großen Schlabberohren, den spitzen Eckzähnen und dem weißen Gespensterhemd.

Das Gespenst kicherte. „Das bildest du dir bloß ein. Ich sehe nicht gefährlich aus, ich sehe nur anders aus. Und von mir aus gesehen siehst du anders aus. Das gleicht sich also aus. Ist die Sache klar?"

„N-n-nicht so richtig", sagte Max. Er hatte schon nicht mehr ganz so viel Angst. „Was willst du von mir?"

„Ich will mit dir Freundschaft schließen", antwortete das Gespenst. „Ich wünsche mir schon so lange, dass ich einen Menschen als Freund habe. Und ich glaube, wir zwei passen gut zusammen. Wir sind gleich groß und gleich alt – ich bin ja noch ein sehr junges Gespenst. Und unsere Namen, also, die reimen sich fast. Du heißt Max Fuchs und

ich heiße Mux Maxilux. Außerdem mag ich dich
leiden. Du siehst, es gibt gute Gründe für unsere
Freundschaft."
Max nickte ein bisschen verwirrt und fragte: „Wie
bist du denn in mein Zimmer gekommen? Das
Fenster ist doch zu."
„Schon wieder eine dumme Frage!" Das Gespenst
Mux schüttelte den Kopf. „Du solltest eigentlich
wissen, dass wir Gespenster mühelos Türen,
Fenster und Mauern durchdringen können. Was ist
nun. Sind wir Freunde?"

Max begriff allmählich, dass das alles kein Traum war. „Ja", sagte er entschlossen, „wir sind Freunde." Ein Gespenst zum Freund zu haben, das war unheimlich spannend! Doch da fiel ihm noch etwas ein. „Es muss aber unser Geheimnis bleiben. Wenn meine Mutter das erfährt – ich garantiere dir, die kriegt glatt einen Nerven-zusammenbruch."

Das Gespenst winkte ab. „Völlig klar, dass das unser Geheimnis bleibt. Hast du Lust, mit mir durch die Nacht zu fliegen und ein bisschen Blödsinn zu machen?"

„Aber ich kann doch gar nicht fliegen!"

Das Gespenst Mux wedelte mit den Armen. „Fliegen ist überhaupt nicht schwer, wenn man weiß, wie es geht. Hier, zieh mal das Gespenster-hemd an! Ich hab es extra für dich mitgebracht. Wer ein Gespensterhemd anhat, kann sowieso fliegen." Mux reichte Max das weiße Hemd.

Max zog es an und fühlte sich auf einmal selber ein wenig wie ein Gespenst. Ein tolles Gefühl! Vorsichtig öffnete er das Fenster. Klar, zuerst zitterten ihm die Knie, doch dann gab Max sich einen Ruck, breitete die Arme aus und schwebte leicht wie ein Vogel hinter seinem Gespensterfreund her. Was für ein herrliches Kribbeln im Bauch! Die beiden umkreisten den Kirchturm, sausten über die Schule und den Fußballplatz hinweg, flatterten durch die Straßen und Gassen und guckten in die Fenster hinein.

Und lustige Streiche dachten sie sich aus. Einmal verdrehten sie am Haus vom frechen Opa Poppe, der immer die Kinder ausmeckert, die Satellitenschüssel so, dass sein Fernsehapparat nur noch Schneegestöber zeigte. Einmal verstellten sie die Zeiger der Kirchturmuhr und ließen um Mitternacht die Glocken läuten. Einmal tauschten sie bei den Gebrauchtwagen vom Autohändler Krause alle Preisschilder aus. Einmal brachten sie im Garten des Nonnenklosters alle Rosen zum Blühen, obwohl die eigentlich längst verwelkt waren. Einmal zauberten sie aus den Reifen der Autos, die einfach auf dem Radweg geparkt waren, die Luft raus.

Zum Glück können ja alle Gespenster ein wenig zaubern.

Auch an diesem Freitagabend fliegen die beiden Freunde zu spannenden Abenteuern in die Dunkelheit hinaus. Die Freitagnacht ist günstig dafür, denn samstags ist ja schulfrei. Da kann Max ausschlafen.

Wunderbar gelb leuchtet der Vollmond. Eine Weile werden sie von den Fledermäusen begleitet, die tagsüber im Feuerwehrhaus schlafen und in der Dämmerung auf Mückenfang gehen.

„Hast du dir schon einen Jux ausgedacht?", fragt Mux.
„Aber klar! Wir könnten doch mal …" Weiter kommt Max aber nicht, denn da ist plötzlich ein leises Winseln zu hören. Es dringt aus dem Hof der Bäckerei.
Was hat das zu bedeuten? Nichts wie hin!
Max und Mux entdecken einen Winzlinghund.
Er ist mit einer viel zu schweren Kette an der

Hauswand festgemacht und stößt jämmerliche
Klagelaute aus.

Natürlich kann Mux die Hundesprache. „Was ist
denn los mit dir?", fragt er den Winzlinghund.

„Seht ihr das denn nicht?" Der kleine Hund zerrt
ein bisschen an der Kette. „Angebunden haben sie
mich mit solch einer dicken Kette. Warum darf ich
nicht mit ins Haus? Ich fürchte mich so allein im
Dunkeln. Und ist etwa Futter in meinem Napf?
Seht ihr Wasser in meiner Schüssel? So darf man
doch mit seinem Hund nicht umgehen!"

„Wer hat dir das angetan?", will Mux wissen.

„Der Bäcker und die Bäckerin", schimpft der kleine
Hund. „Sie sind so vergessliche Schusselköpfe.
Denken nur an sich und nicht an mich. Mein Name
ist übrigens Winny. Könnt ihr zwei mir vielleicht
irgendwie helfen?"
Das Gespenst lacht. „Klar, Winny, das können wir.
Es ist unsere Spezialität, trotteligen Leuten ein
bisschen Feuer unter dem Hintern zu machen."
Rasch erklärt er seinem Freund Max die Lage.
„Wir veranstalten jetzt den großen Gespenster-
spuk. Einverstanden?"
Selbstverständlich ist Max einverstanden.
Gut, dass das Schlafzimmerfenster der Bäckers-
leute nur angelehnt ist, denn so kann Max leicht
zusammen mit Mux in das Schlafzimmer von
Theodor und Hildegard Eppelkamp einsteigen. Der
Bäcker schnarcht laut wie ein Düsenjet, bei der
Bäckerin hört es sich an wie Wildschweingrunzen.
„Wir dringen jetzt in ihre Träume ein", kichert Mux.
„Hopp, der Gespensterspuk beginnt!"
Mux und Max spuken nun drauflos, als gehe es
um einen Monsterspuk-Weltrekord. Sie hüpfen auf

den Betten herum, schneiden grauenhafte Grimassen, schlagen Purzelbäume, krabbeln kopfüber unter der Zimmerdecke, stoßen entsetzliche Schreie aus, pusten den Schläfern ihren Atem in die Nasenlöcher, kitzeln an ihren Füßen, zupfen an ihren Haaren, verdrehen furchtbar die Augen und fletschen die Zähne.
Ja, Max und Mux sind toll in Form. Mit schrillen Schreien beenden sie ihren Spuk und verstecken sich oben auf dem Kleiderschrank.
Bäcker Theodor schreckt schweißgebadet auf. „Hildegard! Hilfe! Ich habe etwas Entsetzliches geträumt. Gespenster!"
Bäckerin Hildegard schreckt ebenfalls schweißgebadet auf. „Theodor! Hilfe! Ich habe etwas Entsetzliches geträumt. Gespenster!"
Mit zittriger Stimme flüstert der Bäcker: „Dann haben wir ja dasselbe geträumt! Ist das nicht merkwürdig?"
Auch die Stimme der Bäckerin ist zittrig. „Ja, Theodor, das ist merkwürdig. Albträume. Weißt du, wovon man so schlimme Albträume bekommt?"

„Nee", keucht der Bäcker, „weiß ich nicht."

Die Bäckerin knipst die Nachttischlampe an. „So schlimme Albträume bekommt man, wenn man ein schlechtes Gewissen hat. Hast du auch ein schlechtes Gewissen?"

„I-i-ich weiß nicht." Bäcker Theodor überlegt. Dann fragt er: „Hast du eigentlich unserem Winny Futter und Wasser gegeben?"

Seine Frau fährt vom Kissen hoch. „Iiiich? Wieso ich? Ich denke, du hast unseren kleinen Hund versorgt!"

Der Bäcker murmelt: „Ich hab gemeint, du hast das erledigt. Und überhaupt sollten wir ihn ins Haus holen. Er ist doch so allein da draußen."

„Ich glaube, du hast Recht", antwortet die Bäckersfrau kleinlaut. „Komm, rasch, wir müssen uns um Winny kümmern!"

Die Bäckersleute springen aus den Betten und hopsen in ihren Nachthemden hastig zum Hof hinaus, um den kleinen Hund Winny ins Haus zu holen und um ihm Futter und Wasser zu geben.

„Na, wie haben wir das gemacht?", fragt Mux.

„Spitzenmäßig", antwortet Max. „Wir waren mal wieder große klasse. Aber jetzt wird es Zeit zum Verschwinden."

Lautlos fliegen sie durch das Fenster davon. Sie sind stolz darauf, dass sie dem Winzlinghund helfen konnten.

Mux sagt beim Abschied: „Ich muss mich beeilen. Zum Mitternachtsmahl gibt es bei uns in der Gespensterhöhle leckere Spinnennetzfäden in Tautropfensoße. Meine Lieblingsspeise!"

Max winkt ab. „Nichts für mich! Ich bin mehr für Pommes rot-weiß und Apfelschorle. Treffen wir uns am nächsten Freitag wieder?"

„Aber klar, mein Freund!" Und schon schwebt das Gespenst winkend davon zum Geisterwald.

Max fliegt nach Hause. Er ist müde und glücklich. Was für eine klasse Abenteuernacht! Solch ein wunderbarer Gespensterspuk! Wie schön, ein Gespenst zum Freund zu haben!

Max versteckt das Gespensterhemd hinter den Büchern im Wandregal. Von seinem Geheimnis dürfen die Eltern ja nichts wissen.

Dann kuschelt er sich in die Kissen und freut sich schon auf das Wiedersehen mit seinem Freund Mux. Bestimmt werden sie in der nächsten Freitagnacht wieder etwas ganz Spannendes erleben!

Das Gespenstermädchen braucht einen Namen

In der dicken Buche am Waldrand wohnt ein Gespenstermädchen mit ihrem Gespenstervater, ihrer Gespenstermutter und ihrem Gespensterbruder. Das ist genau die richtige Gegend zum Spuken und zum Angstmachen und für das Gespenstergeheul im Mondschein. Der große Gespenstervater heißt Grusellus Spukikus. Die Gespenstermutter heißt Grusella Gespenstika. Der Gespensterbruder heißt Grusellus Erschreckikus. Und das kleine Gespenstermädchen – wie heißt das? Ja, das Gespenstermädchen hat seit ein paar Tagen und Nächten auch einen Namen. Endlich! Denn Gespensterkinder bekommen erst dann einen Namen, wenn sie zum ersten Mal einen Menschen ganz, ganz fürchterlich erschreckt haben.

Bei dem kleinen Gespenstermädchen wollte und wollte es zuerst nicht klappen, so sehr es sich auch bemühte. Als es plötzlich bei den Holzfällern

auf der Waldlichtung erschien, mit den Gespensterarmen wedelte und laut „Huaaahhh! Huaaahhh!"
schrie, da kriegten die Männer kein bisschen Angst.
Im Gegenteil! Sie pinkelten sich vor Lachen fast
in die Hosen. Und als das Gespenstermädchen
aus den Haselbüschen sprang, um den Beeren-
sammlerinnen einen Schrecken einzujagen, da
riefen die Frauen nur: „Hau ab! Stör uns nicht!
Siehst du nicht, dass wir zu tun haben?"
Das Gespenstermädchen vergoss vor lauter
Traurigkeit dicke Gespenstertränen. „Ich schaffe

es einfach nicht", flüsterte es vor sich hin. „Ich werde niemals einen Namen bekommen. Ich bin eine Versagerin."

Die Gespenstermutter gab sich alle Mühe, ihre kleine Gepsenstertochter zu trösten. „Komm mit mir", sagte sie, „ich werde dir zeigen, wie man das macht, einen Menschen richtig fürchterlich zu erschrecken. Dann kannst du's bestimmt auch."

Im Morgengrauen, als die Nebelschleier über die Wiesen wehten, wartete die Gespenstermutter mit dem Gespenstermädchen hinter den Weidenbäumen auf den Bierfahrer Kaminski. Der war mit seinem Pferdefuhrwerk voller Bierfässer auf dem Weg von der Brauerei zur Stadt.

Als da auf einmal die Gespenstermutter hinter einem Baum hervortrat, die Gespensterhand hob und einen heulenden Gespensterton ausstieß, stürzte der Bierfahrer vor Schreck vom Kutschbock, überschlug sich dreimal auf der Straße und rannte laut schreiend vor Angst in die Wiese hinein. Die Pferde galoppierten mit dem Wagen in die andere Richtung davon. Und die Bierfässer

kullerten von der Ladefläche und platschten in den
Teich hinein.

„Siehst du, so geht das", sagte die Gespenstermutter.

Aber als das Gespenstermädchen es anschließend
bei den Pilzesuchern im Tannenwald versuchte,
klappte es wieder nicht. Die Pilzesucher schauten
nicht einmal hin, als das Gespenstermädchen
vor ihren Nasen herumhüpfte.

„Sei nicht traurig", versuchte der Gespenstervater
seine Tochter zu trösten. „Heute Abend werde
ich beim finsteren Hohlweg spuken und du darfst
zusehen. Da lernst du's." Kaum brach die Abend-

dämmerung herein, da versteckten sich der
Gespenstervater und das Gespenstermädchen
hinter einem dicken Felsbrocken am Ende des
Hohlweges. Lange brauchten sie auf die Eierfrau
Rosi Babbel nicht zu warten. Die Eierfrau war mit
ihrem Eierkarren von Bauernhof zu Bauernhof
gelaufen und hatte Eier eingekauft. Die Eier wollte
sie am nächsten Morgen auf dem Markt weiter-
verkaufen. Nun zog sie ihren Eierkarren also durch
den Hohlweg hinter sich her.
Da schwebte der Gespenstervater plötzlich auf sie
zu und heulte sein spukigstes Gespenstergeheul.
Die erschrockene Eierfrau plumpste vor Entsetzen

auf den Popo, dann ergriff sie kreischend die Flucht. Der Eierkarren kippte um und – plitsch! Platsch! Plutsch! – zerplatzten all die vielen Eier.

„Siehst du, so geht das", sagte der Gespenstervater.

Jetzt weiß ich genau, wie man die Menschen erschrecken kann, dachte das kleine Gespenstermädchen. Beim nächsten Mal schaffe ich es bestimmt.

Der neue Tag war gerade angebrochen, da versteckte es sich hinter dem Wegweiser, dort, wo sich die Waldwege kreuzen.

Und wer kam da fröhlich gegangen? Die Julia! Hinter ihr trottete ihr Hund Ben. Vor der Schule muss Julia nämlich immer ihren Hund Ben Gassi führen und da laufen die beiden manchmal auch durch den Wald.

„Huuuhhh! Huhuhuuuhhh!" Das Gespenstermädchen sprang hinter dem Wegweiser hervor und heulte ihr schaurigstes Gespenstergeheul.

„Wer bist denn du?", fragte Julia verblüfft.

„Ich bin ein Gespenst! Siehst du das nicht?"

„Doch", sagte Julia, „wenn man genau hinschaut, sieht man's."

Der Hund Ben beschnüffelte neugierig das Gespenstermädchen.

„Aber … aber hast du denn keine Angst vor mir?", fragte das Gespenstermädchen enttäuscht.

Julia schüttelte den Kopf. „Nö. Eigentlich nicht."

Da liefen dem kleinen Gespenstermädchen dicke Gespenstertränen aus den Augen. „So ein Mist! Niemand fürchtet sich vor mir. Wie soll ich denn da einen Namen bekommen? Kleine Gespenster bekommen nämlich erst dann einen Namen, wenn sie zum ersten Mal einem Menschen richtig Angst eingejagt haben."

„Ach, so ist das!" Julia verstand. „Lass mich mal scharf nachdenken. Vielleicht kann ich dir helfen. Ich wüsste da nämlich einen Trick!"

Julia und ihr Hund Ben hockten sich mit dem Gespenstermädchen ins Gras und Julia erklärte ihren Trick. Es war ein toller Trick.

Und der ging so: Als am Abend die Sonne hinter dem Hügel versank, führte das Gespenster- mädchen den Gespenstervater Grusellus Spukikus,

die Gespenstermutter Grusella Gespenstika und den Gespensterbruder Grusellus Erschreckikus zum Wegweiser. Dort versteckten sie sich.

Julia und Ben ließen nicht lange auf sich warten. Sie blieben – so war es mit dem Gespenstermädchen abgesprochen – direkt vor dem Wegweiser stehen.

Und da! Da sauste das Gespenstermädchen mit wildem Geschrei aus den Büschen. „Huuuhhh!

Huhuhuuuuhhh! Das gespenstigste Gespenst der Welt ist da!"

„Hilfe!", schrie Julia gellend. „Hilfe! Ich habe fürchterliche Angst. Ich falle in Ohnmacht!" Und – zack! – ließ sie sich einfach auf den Waldweg fallen und kniff die Augen zu. Der Hund Ben machte es ihr nach.

„Großartig!", jubelte der Gespenstervater. „Mädchen, du hast großartig gespukt! Jetzt bekommst du einen wunderbaren Gespenster- namen."

„Und ein herrliches Gespensterfest feiern wir auch!", lachte die Gespenstermutter. „Kommt mit zur dicken Buche!"

Der Gespenstervater, die Gespenstermutter und der Gespensterbruder schwebten davon.

Julia machte ein Auge auf und blinzelte dem Gespenstermädchen zu. „Na, habe ich das gut gemacht?"

„Toll hast du das gemacht, ganz toll! Ich danke dir für deine Hilfe." Schmatz! Das Gespenster- mädchen drückte Julia einen saftigen Gespenster-

kuss mitten auf die Nase und folgte rasch ihren
Gespenstereltern und ihrem Gespensterbruder zur
dicken Buche, wo bald das Fest begann.
Seit dieser Nacht hat das Gespenstermädchen
den wunderbaren Gespensternamen Grusella
Supermonstergespenstika. Eine richtige echte
Gespenstin – endlich!
Oft trifft sich das Gespenstermädchen abends am
Waldrand mit Julia und dem Hund Ben. Dann
schauen sie den Eulen zu und der Hund heult den
Mond an.

An einem Abend sagt Julia: „Ich weiß jetzt, warum das bei dir mit dem Menschenerschrecken nicht klappt."

„Ach! Und warum klappt das nicht?"

„Weil du es gar nicht richtig willst", erklärt Julia. „Es macht dir einfach keinen Spaß, den Menschen Angst zu machen. Hab ich Recht?"

Das Gespenstermädchen Grusella Supermonstergespenstika denkt einen Augenblick nach.

„Vielleicht hast du wirklich Recht, Julia. Aber verrate es bloß den anderen Gespenstern nicht! Versprochen?"

Julia lacht. „Ist doch Ehrensache!"

Und der Hund bellt dazu.

Beim Hexentanz im Geisterwald

Lena ist krank. Der Kopf tut weh, der Hals tut weh, der Bauch tut weh. Sie liegt in den Kissen und schwitzt fürchterlich. Wie schlimm es kratzt beim Schlucken! Ich will trinken, trinken!, denkt Lena. Ihre Mutter sagt: „Es ist ganz schnell gekommen. Nach dem Abendessen wollten wir Monopoly spielen, doch da fing es auf einmal an mit dem Fieber. Ist es schlimm?"

Doktor Rottstegge schiebt sich die Brille auf die Stirn. „Es handelt sich um eine fiebrige Mandelentzündung. Da müssen wir aufpassen, dass die Lungen nicht angegriffen werden. Aber dass Lena schwitzt und fiebert, das ist gut. Die Krankheit muss raus! Die Nacht wird nicht leicht für Lena sein, aber ich glaube, morgen geht's ihr schon viel besser." Der Arzt tippt Lena auf die Nasenspitze. „Na, wie fühlst du dich?"

Lena versucht zu lächeln. „So lilli-lalla-lullu. Alles dreht sich in meinem Kopf." Tapfer schluckt Lena die bittere Medizin.

„Ich hoffe, du wirst trotzdem tief schlafen", sagt Doktor Rottstegge und verlässt mit Lenas Mutter das Zimmer.

Lena liegt jetzt im Dunkeln. Ihr ist zum Heulen zu Mute. Da hört sie plötzlich ein Ticken an der Fensterscheibe. Zuerst denkt sie: Ich spinne, das liegt am Fieber. Doch dann erkennt sie, dass sich ein großer Schatten dort draußen bewegt.

Ihre Neugier ist größer als ihre Angst. Lena steigt vorsichtig aus dem Bett und stakst mit wackligen

Beinen zum Fenster. Was ist denn das? Vor Aufregung muss Lena husten. Wie das brennt im Hals! Nein, Lena will das zuerst nicht glauben, was sie da sieht:

Im Garten vor Lenas Fenster steht ein gewaltig großer Vogel und schaut sie aus rätselhaft leuchtenden Augen an. Das träume ich doch bloß!, denkt Lena.

Aber als sie dann mit zittrigen Händen das Fenster öffnet, weiß sie, dass das kein Traum ist. Im Sternenlicht kann sie deutlich erkennen: Der Vogel ist wirklich da. Wie ein riesengroßer Rabe sieht er aus, schwarz und wunderbar glänzend. An den Spitzen der Flügel und des Schwanzes aber sind die Federn regenbogenbunt. Lena staunt und staunt.

„Wer bist du?", fragt Lena leise.

„Ich bin der Wundervogel", flüstert der Vogel. „Ich fliege zu allen kranken Kindern. Weißt du das nicht?"

„Nein", antwortet Lena, „das weiß ich nicht. Warum tust du das?"

„Weil ich den kranken Jungen und Mädchen eine Freude machen möchte." Der Wundervogel reckt den Hals. „Und heute Nacht bist du an der Reihe, Lena."

Lena fasst sich an den Kopf. „Du kennst sogar meinen Namen? Das kann doch nicht wahr sein!"

„Papperlapapp!" Der Wundervogel kichert. „Ich kenne die Namen aller kranken Kinder. Wäre ich sonst der Wundervogel? Ich lade die Kinder zu einer Reise ein. Jedes kranke Kind hat einen Wunsch frei. Sag schon, Lena, wohin willst du mit mir fliegen? Was möchtest du erleben?"

Da klettert Lena entschlossen über die Fensterbank hinaus in den Garten. Sie weiß jetzt genau, dass sie nicht träumt. „Ich will etwas Spannendes erleben", sagt sie voll Eifer, „etwas unheimlich Aufregendes. Es kann ruhig gefährlich sein!" Einen Augenblick zögert der Wundervogel, dann flüstert er verschwörerisch: „Ich könnte mit dir in den Geisterwald fliegen, zu den Waldgespenstern. Die haben heute Nacht die Hexen zum großen Hexentanz eingeladen. Aber es ist wirklich

gefährlich dort! Wir müssen sehr, sehr vorsichtig
sein. Die Hexen können es nämlich nicht leiden,
wenn Menschen ihnen bei ihrem Tanz zusehen.
Da können sie fuchsteufelswild werden. Und mit
den Gespenstern ist auch nicht zu spaßen. Sag
also hinterher nicht, ich hätte dich nicht gewarnt."

Lena hat sich längst entschieden. „Wir wagen es."
„Dann steig auf meinen Rücken!"
Es ist ein wunderliches Gefühl, auf dem Rücken
eines Vogels zu sitzen! Das Gefieder des Wunder-
vogels fühlt sich an wie Seide. Lena spürt sein
Herz klopfen.

Huiii! Schnell wie der Sturmwind saust der große
Vogel mit Lena auf seinem Rücken zum Himmel
hinauf. Seltsam, Lena braucht sich gar nicht
festzuklammern und ihr ist auch gar nicht kalt,

obwohl sie doch nur den Schlafanzug anhat. Höher und höher geht der Flug. Fast könnte ich nach den Sternen greifen, denkt Lena.

Sie hat jedes Gefühl für die Zeit verloren. Ist eine Minute vergangen oder eine Stunde? Im Sturzflug senkt sich nun der Wundervogel. Lena erkennt, dass die düstere Fläche da unten ein großer Wald ist. Der Geisterwald! Sie sind am Ziel.

Zweige klatschen ihnen entgegen, Wipfel wippen im Wind, aber sicher findet der Wundervogel den Landeplatz auf dem dicken Ast einer Rotbuche. Lena gleitet vom Rücken des Vogels und sucht sich einen Sitzplatz bei einer Astgabel.

Sie darf nicht nach unten schauen, sonst wird ihr schwindlig, das weiß sie. Vor sich sieht Lena eine große Waldwiese, die im Licht des dünnen Mondes schillert, als sei Schnee gefallen.

Wo sind die Hexen?

Kaum denkt Lena diesen Gedanken, da schwebt plötzlich der Großmeister der Waldgespenster in einer Nebelwolke aus dem Gebüsch und ruft mit schaurig hallender Stimme: „Die Hexen kommen!"

Auf ihren Flugbesen rauschen sie mit dem Nacht-
wind heran und wirbeln und kreisen über der
Lichtung: mindestens ein Dutzend Hexen. Schon
tanzen sie in der Luft über der Lichtung einen
herrlichen Reigen. Da ertönt plötzlich auch Musik.
Woher kommt denn die?

Lena reißt die Augen weit auf. Da erkennt sie die
weißen Gespenster. Sie hocken im Geäst einer
Eiche und blasen auf seltsamen Instrumenten eine
feine Melodie zum Tanz der Hexen. Es sind gruselig
anzusehende Waldgespenstermusikanten.

Und nun treten auch Tiere aus den Büschen.
Wölfe beginnen zu heulen, Wildschweine grunzen,
Nachtvögel rufen. Im Gras zucken bunte Irrlichter.

Dass ich so etwas Wunderbares erleben darf!,
denkt Lena. Der ganze Wald scheint verzaubert
zu sein. Aber es ist ja auch ein besonderer Wald,
der Geisterwald.

Wie schön der Lufttanz der Hexen ist!

„Sei vorsichtig, Lena!", wispert der Wundervogel.
Lena beugt sich auf dem Ast gefährlich weit nach
vorn, aber sie ist vollkommen hingerissen von dem

märchenhaften Geschehen. Sie möchte alles ganz, ganz genau sehen.

Und dann – dann passiert es!

Plötzlich knackt der Ast unter Lenas Gewicht fürchterlich laut. Lena krallt sich fest. Nur ja nicht abstürzen! Sie schreit auf vor Schreck.

Da verstummt die Musik, da huschen die Tiere davon, da drohen die Gespenster gefährlich mit ihren Armen, da hören die Hexen auf zu tanzen und schweben auf ihren Besen heran.

„Wer wagt es, den Hexentanz zu stören?", brüllt der Großmeister der Waldgespenster mit Donnerstimme.

„Ein Mensch!", kreischt die Oberhexe. „Ich kann es riechen. Wir werden von einem Menschen beobachtet. Los, Schwestern, wir fangen uns den Menschen!"

Lena ist wie erstarrt. Jetzt ist es aus!, fährt es ihr durch den Kopf. Doch blitzschnell fasst der Wundervogel sie mit seinem starken Schnabel und hebt sie auf seinen Rücken. „Nichts wie weg!", ruft der Wundervogel. „Lena, jetzt wird es ernst.

Wenn die Hexen in Wut geraten, sind sie zu allem fähig." Der dunkle Vogel breitet die Schwingen aus und saust mit Lena irre schnell davon.

Lena hört die keifenden Hexen hinter sich. Ganz nah sind sie auf ihren Flugbesen schon herangekommen. Doch der Wundervogel kennt einen Trick. Er fliegt durch das dichte Gewirr der Tannenzweige. Da verheddern sich die Besen der Hexen. Lena spürt schmerzhaft, wie ihr die Zweige ins Gesicht peitschen. Egal! Nur weg, weg!
Dann, als sie endlich den Waldrand erreicht haben, steigt der Wundervogel höher und höher

und lacht. „Wir haben es geschafft, Lena. Jetzt sind wir in Sicherheit. Die Hexen können den Geisterwald nämlich nicht verlassen."

Lena pustet erleichtert Luft aus den Backen. Das war wirklich ein aufregendes Abenteuer. Aber jetzt fühlt Lena sich auf einmal unendlich müde. „Bring mich nach Hause!", bittet sie den Wundervogel.

„Natürlich!", ruft er. „Es wird ja auch höchste Zeit für mich. Ich muss doch noch andere kranke Kinder besuchen in dieser Nacht."

Sanft schwebt der große Vogel in den Garten und geht auf der Wiese nieder. „Du wolltest etwas Spannendes erleben", sagt er. „Ich hoffe, du bist zufrieden."

„Ja, es war spannend und aufregend und schön gefährlich. Genau so, wie ich es mir gewünscht habe." Lena lässt sich ins Gras gleiten. „Hab Dank, Wundervogel und leb wohl!"

„Leb wohl, Lena! Und werd ganz schnell wieder gesund!"

Kaum hat er das gerufen, da ist der geheimnisvolle Vogel auch schon in der Nacht verschwunden.

Lena klettert durch das Fenster ins Haus und
schlüpft in ihr Bett. Sofort fällt sie in tiefen Schlaf.
Ganz früh am Morgen kommt der Vater in Lenas
Zimmer. „Wie geht es dir, mein Kind?"
Lena schlägt die Augen auf. „Schon viel besser.
Ich glaube, das Fieber ist ziemlich weg. Und im

Hals tut's auch nicht mehr so weh und im Kopf auch nicht."

„Wie schön, Lena! Ich habe mir solche Sorgen gemacht."

„Du, Paps", sagt Lena und hebt den Kopf aus den Kissen, „ich hab heute Nacht was Tolles erlebt. Mit dem Wundervogel bin ich zum Geisterwald geflogen. Wir haben den Hexen beim Tanzen zugeschaut. Und Gespenster waren da auch und haben Musik gemacht."

Der Vater schmunzelt. „Ja, wenn man Fieber hat, träumt man von den verrücktesten Dingen."

Zärtlich streicht er Lena durchs Haar. Dann stutzt er. „Nanu! Tannennadeln? Du hast ja Tannen-nadeln auf dem Kopf! Woher kommen denn die?"

Lena flüstert so leise, dass nur sie selber es hören kann:

„Aus dem Geisterwald. Woher denn sonst?"

Gespenster in der Burgruine

David ist ziemlich enttäuscht. Die Woche im Schullandheim hat er sich anders vorgestellt. Es ist das erste Mal, dass er ohne seine Eltern und seine Geschwister verreist.

Als die Lehrerin damals verkündete, im Juni werde die Klasse in den Westerwald fahren und in einer tollen Landschaft schöne Tage verbringen, hatte David gedacht: Wir werden spannende Erlebnisse haben, wir werden die Wälder durchstreifen, wir werden Rehe und Hasen und Füchse beobachten!

Doch es kam leider alles ganz anders. Die große Langeweile! Ein paar Spiele, ein bisschen Volleyball, ein alberner Disko-Abend mit Mixgetränken … Aber zum Wandern hatten alle keine Lust, auch nicht die Klassenlehrerin und auch nicht Mirjams Mutter, die als Begleiterin mitgefahren ist.

Und nun ist schon der allerletzte Nachmittag angebrochen. Morgen geht es zurück in die Stadt. David schaut zum Waldhügel hinauf. Ja, die Burgruine! Jeden Tag hat David gefordert: Lasst uns doch eine Wanderung zur Burgruine da oben machen! Das ist eine ehemalige Ritterburg! Doch die anderen aus der Klasse hatten genörgelt: Das ist ein viel zu langer Weg – der Berg ist viel zu steil – so eine kaputte alte Burg ist doch doof – da kommt man bloß ins Schwitzen.

Der letzte Nachmittag also. Die anderen Kinder liegen auf der Wiese vor dem Heim, hören Musik aus ihren Rekordern, knabbern Kekse, schlürfen Cola – und tun nichts.

David denkt: Ich werde nicht nach Hause fahren, ohne dass ich die Burgruine aus der Nähe

gesehen habe! Zum Glück gibt es Simon. Er ist auch unternehmungslustig, das weiß David.

„He, Simon!" David stößt dem Klassenkameraden den Ellenbogen in die Rippen. „Ich hau gleich ab und steig zur Burgruine hinauf. Kommst du mit?"

„Einfach so heimlich abhauen?", fragt Simon. „Mensch David, es ist irrsinnig heiß."

„Na und? Bist du etwa ein Weichei?"

Nein, Simon will kein Weichei sein. Und so kommt es, dass die beiden Freunde um die Hausecke verschwinden, ins Gebüsch eintauchen und sich an den Aufstieg machen. Niemand hat etwas gemerkt. Es ist wirklich mühsam und anstrengend, den steilen Waldhang hinaufzuklettern. Bei der Hitze! Stechmücken und grüne Fliegen stürzen sich in großen Schwärmen auf die verschwitzten Jungen. Die Luft ist unheimlich schwül. Kratziges Dornengestrüpp und rutschiges Geröll machen es den Kletterern schwer. Doch David und Simon sind harte Burschen. Sie geben nicht auf. Wildtauben flattern auf. Geheimnisvoll raschelt es im Unterholz. Süß duftet der Wald. Die beiden Jungen fühlen sich wie Abenteurer im Dschungel. Simon keucht: „Wenn's mal bloß kein Gewitter gibt!" David schaut zum Himmel hinauf und sieht den düsteren Wolkenschleier, der von Westen her über das Land zieht. „Und wenn schon! Bald haben wir's ja geschafft."

Aber es dauert noch fast eine Stunde, bis Simon und David die Ringmauer unterhalb der verfallenen Burg erreicht haben. Schwer atmend lassen sie sich erst einmal auf den Waldboden fallen. Efeuranken und Moospolster haben das

Gestein überzogen. Reste der Burgwände mit leeren Fensterhöhlen ragen steil empor. Wuchtig steht der dunkle Wehrturm vor den treibenden Wolken.

„Irgendwie ganz schön gruselig", flüstert Simon beeindruckt und zeigt auf den Torbogen. „Da geht's rein. Komm, David, wir sind jetzt erst mal die kühnen Ritter von damals!"

In diesem Augenblick zuckt in der Ferne der erste Blitz, Sekunden später grollt der Donner. Plötzlich scheint das Sonnenlicht ausgeknipst zu sein.

Krähen kreischen irgendwo im Gemäuer. Dann prasselt der Regen. David und Simon hasten durch den Torbogen in den Innenhof der Ruine. Da, ein Gang, der ein Stück hineinführt in ein brüchiges Gewölbe. Hier können sie Schutz finden vor dem Unwetter.

„Bestimmt war das früher der Weg hinunter ins Verlies, wo die Gefangenen angekettet waren." David erschrickt ein bisschen vor seiner eigenen Stimme, sie klingt hohl und unheimlich in diesem dunklen Gang.

Grünlich flackert der Widerschein der Blitze, unheimlich dröhnen die Donner, ohrenbetäubend rauscht der Regen.

„Hier werden wir wenigstens nicht nass", meint Simon, „wenn's auch ziemlich gespenstisch ist."

Gespenstisch! Kaum hat Simon dieses Wort ausgesprochen, bewegt sich auch schon etwas im finsteren Hintergrund des Ganges. Wie Nebelschwaden, die sich aus den dicken Steinen der Wand lösen und zu merkwürdigen Gestalten werden. Es sind vier Nebelgestalten. Sie kommen geschwebt – näher und näher.

„G-g-gespenster!", flüstert David. „D-d-das sind Gespenster! Oder spinne ich etwa?"

Simon klammert sich an Davids Arm fest. „Aber es gibt doch überhaupt keine Gespenster! Wir bilden uns das bestimmt bloß ein."

David flüstert: „Wir sehen sie doch! Und was man sieht, das gibt es auch. Simon, wir müssen jetzt ganz tapfer sein! Wenn man keine Angst zeigt, dann können einem Gespenster und Geister nichts antun. Das weiß ich aus einem Buch."

Ja, eindeutig sind das Gespenster! Vor den zwei zitternden Jungen blähen sie sich auf, hüpfen wild in ihren weißen Gewändern umher, grapschen mit ihren dünnen Gespensterarmen nach den beiden und stoßen drohendes Geheul aus. „Huhuhhh! Huaaahh! Ihr seid verloren!"

Simon nimmt all seinen Mut zusammen. „Wir fürchten uns nicht vor Gespenstern! Ihr könnt uns überhaupt nichts tun!"

David hebt einen Steinbrocken auf und schreit laut: „Außerdem wehren wir uns! Wir sind nämlich unheimlich stark und supertapfer. Nur dass ihr's wisst!"

„Haut ab, ihr Typen!", ruft Simon.

Die vier Gespenster treiben es immer schlimmer. Ganz plötzlich wechseln sie die Farbe, sind auf einmal grellgrün, dann lila, dann rot wie Feuer. Auch ihre Formen verändern sich blitzschnell. Gerade noch glühten ihre Augen wie Scheinwerfer, doch schon haben sie Hörner auf den Köpfen wie riesige Ziegenböcke und dann – dann haben sie sich ihre Gespensterköpfe sogar unter die Arme

geklemmt. „Huhuhhh! Jetzt haben wir euch! Ihr
seid in unserer Gewalt!", rufen sie drohend.

David und Simon haben sich bei den Händen
gefasst. Bloß nicht aufgeben! Sie brüllen im Takt:
„Haut ab! Haut ab! Los verschwindet!" Sie treten
mit den Füßen nach den Gespenstern und spucken
sogar.

Dann geschieht etwas ganz und gar Unerwartetes.
Simon und David machen Stielaugen und wollen
es zuerst gar nicht glauben. Die lachen ja!

Die Gespenster lachen! Ganz freundlich sind
ihre Gesichter plötzlich. Was hat denn das zu
bedeuten?

Das erste Gespenst sagt: „Wir sind die Ritter, die
früher in dieser Burg lebten."

Das zweite Gespenst sagt: „Wir wollten euch nur
auf die Probe stellen."

Das dritte Gespenst sagt: „Wir wollten heraus-
finden, ob ihr wirklich tapfer seid."

Das vierte Gespenst sagt: „Und weil ihr so tapfer
seid, erklären wir euch hiermit feierlich zu Ehren-
rittern."

Kaum haben die Gespenster das gesagt, wehen
sie wieder wie graue Nebelschwaden davon und
verschwinden im Gemäuer der Ruine.
Lange Minuten hocken David und Simon verwirrt
und sprachlos im dunklen Burggewölbe und
können noch immer nicht begreifen, was sie
gerade erlebt haben. Endlich sagt Simon: „Wenn
wir das den anderen aus der Klasse erzählen,

also ich wette, die lachen uns aus. Die glauben
uns kein Wort."

„Macht nichts", antwortet David. „Wir erzählen es
ihnen erst gar nicht. Hauptsache wir zwei wissen,
dass wir jetzt Ehrenritter sind."

Simon nickt. „Da hast du Recht, du Ehrenritter."

David lacht. „Dann ist ja alles okay, du Ehrenritter."

Endlich verzieht sich das Gewitter. Der Himmel
wird wieder klar. Die Luft hat sich abgekühlt.

Höchste Zeit für die beiden Jungen sich an den Abstieg zu machen. Für den Abschlussabend ist nämlich ein großes Grillfest angesagt. Da dürfen sie nicht zu spät kommen. Aber bergab geht es ja ohnehin viel schneller.

Die Klassenlehrerin fragt erstaunt: „Hallo, Simon! Hallo, David! Wo habt ihr zwei denn den ganzen Nachmittag gesteckt? Ich hab mir schon Sorgen gemacht."

„Och", sagt David, „wir haben uns mal die Burgruine oben auf dem Berg angeschaut."

Simon grinst. „Ganz schön spannend da oben."

David und Simon, die beiden Ehrenritter, schaffen übrigens den Rekord beim Würstchenfuttern. Jeder vertilgt dreizehn Bratwürste. Aber wie man weiß, haben Ritter ja auch immer den größten Hunger. Besonders nach so einem Gespensterabenteuer.

Geschichten zum fröhlichen Schmökern

Werner Färber/Iris Hardt
Vampirgeschichten
Bissig geht es zu – und witzig sowieso! Eine Vampir-Dame will nicht mehr im gleichen Sarg mit ihrem Mann schlafen, weil er schnarcht. Ein Vampir mit bestem Gebiss wird Werbe-star. Victor Vampinello und Vera Beißdichkova treiben ihr Unwesen usw.

ISBN 3-473-**34455**-9

Jo Pestum/Fred Ruillier
Fußballgeschichten
Bastian klaut seinem Bruder einen Lederball, damit er nicht mehr mit dem doofen Plastikball spielen muss. Als die Jungs von der Astrid-Lindgren-Schule gegen die „Kästner" spielen, kriegen sie keinen Ball ins Netz. Der Kästner-Torwart ist – ein Mädchen!

ISBN 3-473-**34456**-7

Peter Abraham/
Wilfried Gebhard
Piratengeschichten
Weil Joe nur Unsinn im Kopf hat, schickt ihn sein Vater zum strengen Kapitän Dodel-kog aufs Schiff. Mary und Esther werden, als Jungs verkleidet, Flusspiraten. Esmeralda, von Piraten gefangen, verliebt sich in den Schiffsjungen.

ISBN 3-473-**34457**-5

Gute Idee.

Ravensburger